AF451756

LE CABINET SECRET

DES GRANDS PRESERVATIFS

& Specifiques propres,

CONTRE LA PESTE,

FIEVRES PESTILENTIELLES,

Pourpres, petites Verolles, & tou-
tessortes de Maladies contagieuses.

OVVERT ET PVBLIÉ

Par M. I. L. MONNIER Docteur en
Medecine de l'Vniuersité de Montpellier, Medecin chez LEVRS ALTESSES Mon-
seigneur & Mademoiselle DE GVISE.

Ante languorem adhibe Medicinam. Ecclesiast. c. 18. v. 20

A PARIS,
Chez PHILIPPE D'ARBISSE, sur le
Quay des grands Augustins, deuant la
Fontaine.

M. DC. LXVI.
AVEC PRIVILEGE DV ROY.

A

TRES-HAVTE, TRES-PVISSANTE

ET TRES-ILLVSTRE

PRINCESSE,

MADEMOISELLE

MARIE DE LORAINE,

DE GVISE.

ADEMOISELLE,

L'Approbation que VOSTRE ALTES-
SE a donné à tous ces grands Preser-
uatifs, & le desir qu'elle a témoigné

d'en auoir quelques-vns qui fussent fidellement preparés , m'ont obligé d'apporter tous mes soins pour luy donner la sa-
tisfaction qu'elle a desiré ; Et j'ay crû
que je ferois vne chose , qui ne luy seroit pas desagreable , si pour respondre
en quelque façon à cette grande Charité , que tout le monde remarque en elle ,
ie découurois ces excellens Remedes , qui
ont demeuré cachés depuis tant de temps ,
& qui jusques à present ont passé pour
de tres - rares & admirables Secrets.
Apres l'estime que VOSTRE ALTESSE
a témoigné en faire , ie ne doute nulle-
ment , MADEMOISELLE , qu'ils ne
soient bien receus , & que les personnes
mesmes de la plus haute qualité n'entrent dans les sentimens d'vne Princesse
dont le merite & les lumieres sont con-
nuës & admirées de toute la France , &
par vne douce & agreable surprise , cau-
sent de l'estonnement & donnent de la ve-
neration aux nations Etrangeres. Et j'ose
encore me promettre , que tous ceux
qui sont bien versés dans la Medecine ,
me mettront au dessus de la médisance ,

& loüeront mon deſſein, lors qu'ils re-
connétront les bieus qu'il peut produire,
& le reſpeſt auec lequel ie borne mon
ambition à l'honneur que j'ay d'eſtre.

MADEMOISELLE,

DE VOSTRE ALTESSE.

Le tres-humble, tres-obeiſſant
& tres obligé ſeruiteur,
MONNIER.

E petit Cabinet eſt di-
gne de voſtre curioſité,
quoy qu'il ſoit tres-ſim-
ple & ſans artifice ; il
contient les plus grands
Threſors de la Medecine, & les plus
excelents Preſeruatifs, que cette
Reyne des Sciences ait pû decouurir
contre les Maladies contagieuſes, leſquels n'ont point encore eſté publiés,
parce que les Docteurs qui ſe ſont appliqués à traitter la Peſte, & qui ont
eu la connoiſſance de quelqu'vn d'i-
ceux, l'ont reſeruée comme vne choſe ſur laquelle ils ont fondé & eſtably
la plus grande partie de leur fortune.

Ie l'ay diuiſé en ſix petits étages,
afin de ranger les Preſeruatifs Internes dans le premier, les Externes
dans le ſecond, les Specifiques propres contre la Peſte dans le troiſieſme,

les Parfums dans le quatriefme, les
Specifiques propres contre les fiévres
Intermittentes dans le cinquiefme,
& les Specifiques propres contre les
petites Verolles dans le dernier, qui
eft l'ordre que j'ay jugé le plus com-
mode pour vous.

Ie n'ay pas voulu groffir ce petit
Ouurage, en vous decriuant la Nature, les differences, les caufes & les
fignes des Maladies contagieufes,
d'autant qu'il y en a déja ailleurs des
volumes tous entiers; Outre que les
Medecins qui le liront, n'ont pas be-
foin des lumieres que je leurs pourois
donner, & que les autres fe doiuent
contenter de fuiure le côfeil de quelques vns de ces celebres Docteurs,
qui pratiquent aujourd'huy la Medecine dans cette grande Ville, auec
tant de connoiffance & de conduite,
qu'ils fe font acquis l'approbation
generalle de tous les ordres, & vne
reputation conforme à leur merite.
Ce fera donc affez de vous donner les
Compofitions, les Vertus, les Dofes

& les vſages de tous ces grands remedes.

Ce preſent vous doit eſtre d'autant
plus agreable qu'il vous eſt fait dans
vn temps où l'Angleterre & l'Alle-
magne, & meſme pluſieurs Villes des
Païs Bas aſſés proches de Nous, ſont
fort affligées de la Peſte; dans vn
temps, dis-je, auquel l'Irregularité des
Saiſons, la grande corruption qui
paroiſt dans l'air, la Malignité des
maladies qui courent par toute la
France, & les morts ſubites ſi fre-
quentes, nous doiuent obliger de
prendre nos precautions, & d'auoir
recours à la miſericorde de Dieu,
afin qu'il luy plaiſe de detourner de
deſſus nous cet impitoyable fleau,
duquel il ſemble que nous ſoyons
menacés.

*Si Immiſero Peſtilentiam in Populum
meum, & conuerſus Populus meus de-
precatus me fuerit, & pænitentiam
egerit, ego exaudiam & ſanabo eum.*

2. *Paralip.* c. 7. v. 13.

PREMIER ETAGE

DV CABINET

SECRET..

PRESERVATIFS INTERNES
Ecce ego do coram vobis viam vitæ.
Ierem. c. 21. v. 9.

LES grains & l'Essence de vie, l'Essence d'Ambre gris, l'Ambre rectifié, & l'Ambre Corallin, tiendront le premier rang entre les preseruatifs internes, qui en viuifiant la chaleur naturelle, & l'humidité radicale, en purifiant les Esprits & la masse du sang, en corrigeant la pourriture, en rejoüissant le Cœur & le Cerueau, & en fortifiant les nerfs &

A

les membranes, mettent la nature en état de resister aux venins des maladies contagieuses, & de les chasser partie par les vrines , partie par les sueurs & la transpiration insensible.

Mais comme leur prix surpasse les forces de plusieurs, & qu'il n'y a que les personnes les plus considerables qui en puissent faire la despense, nous adjousterons les grains de santé & les dragées de saint Roch pour les bourgeois, & le vinaigre d'Ernest pour les pauures.

METHODE QV'IL FAVT suiure pour composer les grains de vie.

POur composer les grains de vie, il faut bien sçauoir preparer l'Essence de vie & la semence de Geniévre.

Preparation de l'Essence de vie.

IL faut prendre des fleurs de Soucy, d'Oeillets, de Romarin, & de Sauge, de chacune quatre onces & les jetter dans vn grand matras, & ayant verſé par deſſus quatre liures de bonne eau Theriacale camphrée, vous y appliquerez vn vaiſſeau de rencontre, & ayant bien bouché les jointures, vous les ferez digerer au bain tiéde l'eſpace de vingt & quatre heures, apres leſquelles vous ouurirez le vaiſſeau, & ayant ſeparé l'Eſprit des fleurs, par vne forte expreſſion, vous le remettrez dans voſtre matras, & y adjouſterez trois onces de la racine Contrayerua, deux onces de Kermes, & demie once de ſaffran, le tout bien pulueriſé; Appliquez le vaiſſeau de rencontre, bouchez bien les jointures & les faites digerer au bain tiéde l'eſpace de deux jours, aprés leſquels vous ouurirez le vaiſſeau, & philtrerez l'Eſprit par le papier gris, puis vous le remettrez dans voſtre matras, & y adjouſterez Ambre gris, Pierre de Bezoard oriental & magiſtere de Perles de chacun deux dragmes, magiſtere de Coral trois dragmes, Muſc demie dragme , le tout bien puluerifé; Appliquez le vaiffeau de renconre, bouchez bien les jointures, & le tenez au bain iufques à la diffolution de toutes vos matieres; Ouurez enfuite le vaiffeau & fans rien philtrer, vous y adjoufterez quatre onces de bon Efprit de Souphre, fix onces d'Efprit acide de Tartre rectifié , deux onces d'Efprit de Gajac, demie once d'Effence de Canelle, autât d'Effence de noix mufcade , & deux dragmes d'Effence de clouds de Geroffle ; refermez le vaiffeau, comme deuant , & faites circuler toutes ces chofes au Bain marie l'efpace de quatre jours pour les bien vnir, & vous aurez la veritable Effence de vie, qu'il faut garder dans vne phiole de verre bien bouchée.

Preparation des Bayes de Geniévre.

PRenez telle quantité qu'il vous plaira de femence du petit Geniévre, bien meure, bien choifie & feichée à l'ombre, lauez-la dans de l'eau

de fontaine, la frottant tout doucement entre vos mains, pour en oster
la pouſſiere & les ordures, & lors qu'elle ſera bien nette, vous l'expoſerez
au Soleil juſques à tant qu'elle ſoit ſeiche, & lors qu'elle ſera ſeiche, vous la
mettrez dans vne terrine vernie, &
verſerez par deſſus de l'eau d'Angelique, ou de ſcorzonere, ou de chardon
benit, ou de Scabieuſe, autant qu'il
en faut pour couurir toutes vos bayes ;
laiſſez les tremper l'eſpace de vingt &
quatre heures pour leur faire perdre le
peu qu'elles ont d'amertume ſans détruire leur vertu bezoardique, cela fait,
vous les frotterez vn peu entre vos
mains fort legerement de peur de les
écraſer, & en ayant oſté l'eau, vous
les ferez ſeicher au Soleil.

Compoſition des grains de vie.

PRenez quatre liures de bayes de
Geniévre preparées comme nous
auons dit, jettez-les dans vn grand matras de verre fort, qui ait le col large

& long, & versez par dessus vostre Esprit de vie , jusques à ce qu'il surpasse vn peu la semence , Appliquez-y
vn vaisseau de rencontre bouchez bien
les jointures , & l'exposez au Soleil
l'espace de quinze jours, ou faites digerer au bain l'espace de quatre iours, afin
que la semence se nourisse & remplis-
se de vostre essence de vie ; Ouurez
ensuite vostre vaisseau & separez par
inclination , ce qui reste d'Essence.
Tirez vostre semence & l'ayant mise
dans vn vaisseau de terre large par le
fond & verny , vous la couurirez de
sucre bien purifié, ambré & musqué ,
en poudre tres-subtile & la remuerez
fort legerement auec la main, afin que
tous les grains reçoiuent l'impression
du sucre, & qu'il s'en forme vne espece de dragée en se desseichant, que
vous garderez dans vn vaisseau de
verre ou de fayence bien fermé,

Vous les pourrez desseicher sans sucre auec la poudre d'Iris, & mesme en
oster l'Ambre & le Musc, & y adjou-
ster le Camphre & le Castor en faueur

des Dames qui aprehendent la douceur & les odeurs.

On peut aussi faire toutes les infu-
sions & digestions au Soleil pendant la
Canicule, & mesme enterrer vos vais-
seaux, dans le fumier de cheual à l'Hy-
uer. Mais tout cela est beaucoup plus
long que le bain.

Vertus des grains de vie.

L'Experience a fait voir que c'estoit
vn puissant & souuerain preseruatif
contre la Peste, fiévres pestilentielles,
petites verolles, & toutes sortes de
maladies contagieuses, parce qu'ils
viuifient la chaleur naturelle, chassent
l'estrangere, purifient les Esprits & la
masse du sang, corrigent le mauuais
air, & chassent les venins, partie par
les vrines, partie par les sueurs & la
transpiration insensible, & empeschent la corruption.

Ils fortifient le Cerueau, ses membranes & tous les nerfs; conseruent la
liberté de toutes les fonctions de la

puissance Animale , & empeschent la
production des causes de la douleur de
teste , des vertiges , Epilepsies ou mal
caduc , Paralysies , Apoplexies , Rhu-
matismes , Goutes , & semblables maladies , qui ne viennent pour la plus-
part que de la foiblesse du Cerueau &
des Nerfs.

Ils empeschent les distillations sur la
poitrine, guerissent la toux vielle, font
auoir bonne respiration , & corrigent
la puanteur de l'Halaine.

Ils font excelents contre les palpita-
tions, foiblesses, ou euanoüissemens.

Ils fortifient l'Estomach, restablissent
l'appetit perdu, & font faire bonne di-
gestion , arrestant, par ce moyen, tous
les vomissemens & flux de ventre, qui
viennent de crudités.

Ils ouurent tout doucement les obstructions du Mezentere, du Foye &
de la Ratte, & donnant par ce moyen
passage aux alimens & excremens ,
font que le corps conserue son em-
bonpoint, sa vigueur naturelle, & la
viuacité de son teint.

Ils

Ils coupent, subtilisent & détachent le flegme & les humeurs gluantes, qu'ils chassent ensuite par les sueurs & les vrines, dégagent les Reins, les Vretaires & la vessie, faisant sortir le sable, & la cause materielle des pierres,

Ils ont vne telle puissance sur les venins veneriens, qu'ils les chassent & surmontent auant qu'ils puissent faire impression sur les corps de ceux qui sont assez mal-heureux pour s'y exposer.

La Dose est depuis deux grains jusques à quatre chaque matin, & mesmes jusques à six quand le danger de la contagion est fort grand. On les auale tous entiers, si l'on veut.

AVTRE PRESERVATIF.

IL y a des personnes de qualité, qui se seruent de l'Essence d'Ambre gris comme d'vn excelent preseruatif, en quoy ils ne se trompent pas,

étant asseuré que l'Ambre gris est vn
des plus nobles ouurages de la nature,
& qui produit de tres-beaux effets
dans la Medecine, tant pour fortifier le
Cœur, l'Estomach & le Cerueau. que
pour recréer les esprits Vitaux & Animaux. On le Reduit en Essence, comme il s'ensuit.

Essence d'Ambre gris.

REduisez en poudre tres subtile
deux dragmes d'Ambre gris tres-
pur & bien choisi. Adjoustez-y vn
scrupule de bon Musc pareillement
bien puluerisé, & les mettez dans vn
petit matras à long col, & versez par
dessus quatre onces de bon Esprit de
vin, adaptez-y vn vaisseau de rencontre, bouchez bien les jointures, & le
faites digerer pendant quelques jours
dans le fient de Cheual moderément
chaud. Ouurez ensuite le vaisseau, &
versez sur le champ, ce qui est liquide
dans vne phiole auant qu'il sente le
froide car cette Essence se congele à la

moindre fraîcheur & se liquefie à la
simple chaleur de la main.

La dose est depuis dix jusques à quinze goutes dans du vin d'Espagne, dans
de l'Hydromel, ou dans quelque Iu-
lep cordial.

On en frotte aussi vn peu le nez &
les temples, quand on veut aller en
ville & qu'on apprehende de rencon-
trer des personnes suspectes.

AVTRE PRESERVATIF.

IEAN HARTMAN premier Me-
decin des Princes Landgraues de
Hesse, rapporte que l'Empereur Ro-
dolphe se seruoit ordinairement de
l'Ambre rectifié, Elizabeth Reine
d'Angleterre luy en ayant enuoyé la
preparation qui est telle.

Ambre Rectifié.

PRenez vne once d'ambre gris,
vne dragme de Musc, & demie

dragme de sucre bien blanc. Ayant
puluerisé subtilement toutes ces choses, vous y adjousterez insensiblement
quelques goutes d'esprit ardent de roses, les remuant tousiours legerement,
pour les reduire en vne masse, que vous
conseruerez pour voltre vsage dans
vn vaisseau bien bouché,

La dose est la grosseur d'vn petit
poids le matin dans du vin ou quelque
autre liqueur cordiale.

AVTRE PRESERVATIF
Ambre Solaire, Corallin, Hepatique.

PRenez deux dragmes d'Ambre
gris, vn scrupule de bon Musc,
quatre onces d'Ambre jaune bien
transparant, quatre onces d'Ambre
blanc fort clair & sans aucune tache,
quatre onces de coral preparé, demie
once de Camphre & deux onces de
sucre candi.

Puluerisez premierement l'Ambre
gris & le Musc, ensemble ausquels

vous adjousterez en suite le sucre & les meslerez exactement.

Ayant mis cette poudre sur vn papier, vous pulueriserez dans le mesme mortier les autres Ambres, le Coral & le Camphre l'vn apres l'autre, puis les ayant toutes meslées auec la premiere, vous les agiterez quelque temps dans le mortier, & les passerez par vn tamis delié pour les bien mesler. Puluerisez de rechef, ce qui n'aura pû passer, & le tamisez jusques à tant que vous ayez reduit le tout en poudre tressubtile, que vous garderez dans vne phiole de verre bien bouchée.

On reduit aussi cette poudre en petits grains ou pillules de la grosseur d'vn petit pois, luy donnant corps auec le syrop de nymphée, ou de coings, ou de pauot Rheas, ou auec la confection d'Alkerme.

On en fera pareillement des tablettes, si on adjouste quatre onces de cette poudre à chaque liure de sucre fin cuit dans l'eau rose & bien clarifié,

B iij

Vertus de l'Ambre Corallin.

C'Est Ambre est vn bon preseruatif, & est de plus tres vtile dans le cours ordinaire de la Medecine, à cause de ses excellentes proprietez.

Il arreste les fluxions & distillations qui se font du Cerueau sur la poitrine, l'Estomach & les autres parties qui luy sont inferieures.

Il fortifie l'Estomach & les intestins, arreste les vomissemens & les flux de ventre, & particulierement la dysenterie, dans laquelle il fait des miracles, pourueu qu'on ait disposé le corps & fait preceder les seignées & purgations necessaires.

Il arreste les crachemens de sang & restablit tout doucement les phtysiques.

Il est admirable dans les Maladies Hysteriques, & particulierement dans les suffocations & epilepsies qui en procedent, arreste infailliblement les fleurs blanches & le flux immoderé

des rouges, pourueu que le Medecin
ait eu foin de difpofer le corps, & que
les Dames puiffent fouffrir l'odeur
de l'Ambre gris & de Mufc, car autrement il ne le leur faudroit pas donner, mais il en faudroit faire preparer
d'autre, dans lequel on feroit entrer le
Caftor au lieu de ces deux excelens
Aromates.

Il rend la premiere vigueur à ceux
qui tombent en chartre & languiffent
pour perdre ou auoir trop perdu de
fang par les Hemorrhoïdes.

C'eft le plus affeuré remede que
nous ayons pour fupprimer promptement toutes fortes de gonorrhées,
pourueu qu'on ait fait preceder les remedes neceffaires, & chaffé tout le
venin de ces infames maladies,

L'vfage eft de prendre tous les ma-
tins vn fcrupule de la poudre dans vn
œuf, ou dans vne cueillerée de fyrop
de coings, ou mefme dans du boüillon, & reïterer la mefme dofe tous les
foirs, & plus fouuent encore fi le mal
eftoit violent.

La dose des pillules eft trois ou quatre par iour à quelque temps l'vne de l'autre, & dauantage fi le mal preffe.

La dose des tabletteseft vne dragme ou vne dragme & demie par iour.

METHODE QV'IL FAVT
tenir pour compofer les Grains de fanté.

PRenez quatre onces de bonne theriaque de Montpellier, trois onces de bonne myrrhe, demie once de Saffran & autant de Camphre, & ayant puluerifé ce qu'il faut puluerifer, vous mettrez le tout dans vn grand Matras, & verferez par deffus quatre liures de bon Efprit de vin rectifié; adaptez-y vn vaiffeau de rencontre ; bouchez bien les jointures, & ayant fait digerer le tout au bain tiéde, l'efpace de cinq ou fix iours, vous philtrerez l'Efprit par le papier gris.

Mettez cét Efprit dans vn autre Matras & y adjouftez quatre onces de bonne poudre de viperes, deux onces de

de Kermes, & quatre onces de feüilles de scordion desseichées à l'ombre, & puluerisées; adaptez vostre vaisseau de rencontre, bouchez bien les
jointures, & le faites circuler au bain
marie, l'espace de quatre iours, puis
vous philtrerez derechef cét Esprit par
le papier gris.

Remettez vostre Esprit dans le matras, & y adjoustez quatre onces d'Ambre jaune, demie once de mere perles,
trois dragmes de coral rouge, le tout
bien puluerisé, appliquez le vaisseau
de rencontre, bouchez bien les jointures, & le tenez au bain jusques à vne
suffisante dissolution de vos matieres.

Ayant philtré cét Esprit par le papier gris, & remis dans le matras, vous
y adjousterez quatre onces de bon Esprit de souphre, six onces d'Esprit acide de Tartre, trois onces d'Esprit de
sel, deux onces d'Esprit de Gajac, &
autant d'Esprit de racines de Sapona-
ria, vn demy scrupule d'Ambre gris,
& six grains de bon Musc, refermez le
vaisseau comme deuant, & faites cir-

C

culer toutes ces choſes l'eſpace de
quatre jours au bain marie pour les
bien vnir.

Il ne reſte plus pour auoir les grains
de ſanté que de nourir auec cét Eſprit
la ſemence de Geniévre preparé comme nous auons enſeigné & en former
enſuite de petites dragées auec le ſu-
cre Royal purifié, cuit, muſqué &
ambré ſelon l'art.

Vertus des grains de ſanté.

QVoy que ces grains n'ayent pas
l'odeur ſi charmante ny le gouſt ſi
exquis que les grains de vie, parce
qu'il n'y entre pas tant d'ambre gris
ny tant de Muſc, ils ſont toutefois fort
agreables.

Ils ont preſque les meſmes vertus
que les grains de vie, & doiuent par
conſequent eſtre employées aux meſmes vſages. La doſe eſt auſſi ſemblable.

METHODE QV'IL FAVT TENIR
pour compoſer les dragées de ſainct Roch.

PRenez deux onces de racines Contrayerua, quatre onces de racines de Scorzonere & autant de racines d'Angelique ſeiches, & vne once de bon Saffran, toutes ces choſes eſtant bien pulueriſées, vous les jetterez dans vne grande courge de verre, & verſerez par deſſus vne pinte de ſuc de limons, vne pinte de bon vin blanc, & vne chopine d'eau de Scorzonere. Appliquez-y vn alembic aueugle & les laiſſez tremper deux fois 24. heures, puis vous y appliquerez vn alembic à bec & les diſtilerez au bain marie.

Prenez quatre liures de cette eau, & l'ayant miſe dans vn grand matras, vous y adjouſterez quatre onces de bonne poudre de viperes, quatre onces de feüilles de ruë deſſeichées à l'ombre & pulueriſées, & deux onces

de bon esprit de Souphre. Appliquez-y
vn vaisseau de rencontre , bouchez
bien les jointures & les faites circuler
au Soleil l'espace de quatre jours, apres
lesquels vous ouurirez le vaisseau &
philtrerez cette eau par le papier gris.

Prenez en suite quatre liures de semence de Geniévre preparée, comme
nous auons dit , & l'ayant jettée dans
vn grand matras, vous verserez de
cette eau par dessus autant qu'il en
faut pour surpasser la semence que
vous laisserez digerer au bain autant
de temps qu'il en faudra pour la bien
nourir , puis ayant separé l'eau par inclination , vous tirerez vostre semence & la desseicherez auec le sucre
Royal en poudre , si vous n'aymez
mieux en former de veritables dragées
selon l'art.

Vertus des dragées de S. Roch.

ELles échauffent moins que les
grains de vie & de santé; cepen-
dant on les ordonne pour les mesmes

maux auec heureux ſuccez.

La doſe eſt auſſi ſemblable, & meſme vn peu plus grande.

VINAIGRE D'ERNEST
preſeruatif des Pauures.

IEan Ernest Docteur en Medecine donne ce preſeruatif à la fin du traitté qu'il a fait imprimer *de Oleis Chymice deſtilatis*, qu'il dit auoir éprouué pluſieurs fois, & toûjours trouué infaillible. Il pourra ſeruir pour les Pauures.

Prenez feüilles d'Abſinthe & de ſauge étroite de chacun vne once & demie, & ſix onces & demie de Ruë.

Ayant bien laué ces herbes dans de l'eau de fontaine fraiſche, il les faut couper fort menu, & les bic̃ piler dans vn mortier, puis les mettre dans vn pot de terre neuf, & verſer par deſſus vne chopine de vinaygre du plus fort que vous pourez trouuer; fermez le pot auec ſon couuercle, & bouchez

bien les jointures, & le laiſſez ainſi
l'eſpace de vingt-quatre heures, apres
leſquelles vous ſeparerez le vinaygre
des herbes par vne forte expreſſion, &
l'ayant remis dans le pot vous y adjouſterés vne once de bon turbit en poudre, & refermerez bien le pot pour le
laiſſer encore tremper l'eſpace de 24.
heures, puis vous le coulerés de rechef, & le garderés dans vn vaiſſeau de
verre bien bouché.

Il aſſeure que ſi quelqu'vn prend
vne pleine cueiller de ce preseruatif
chaque matin, adjouſtant à chaque
fois la groſſeur d'vn pois de bonne
Theriaque, qu'il ſera exempt de la Peſte, & que ſi quelqu'vn étant déja fra-
pé, en prend quatre cueillerées auec la
groſſeur de quatre pois de bonne Theriaque, & qu'il demeure enſuite quatre heures ſans manger ſe promenant
tout doucement, il ſera infailible-
ment delivré, & qu'il l'a éprouué ſur
vn tres-grand nombre de perſonnes
qu'il a traitté de la Peſte.

Il faut attribuer la principale vertu

de ce preferuatif à la Ruë & au Theriaque qui font fpecifiques pour ces
maladies là, comme l'experience l'a
fait voir à ceux qui ne fe feruent point
d'autre preferuatif que de quatre ou
cinq feüilles de Ruë prifes à jeun auec
vne figue & vn peu de bonne Theriaque.

Il feroit beaucoup meilleur, fi on
faifoit les infufions au Soleil ou au
bain, l'efpace de trois ou quatre jours,
& qu'à la derniere infufion on adjouftaft auec le turbit deux onces de bonne poudre de Viperes, & qu'apres l'y
auoir coulé pour la derniere fois on y
adjouftaft la quantité fuffifante de
Theriaque, afin que chaque cuillerée
portaft fa dofe auec foy, & ainfi que
je le prepare: deforte que quand on
s'en veut feruir on n'a qu'à branfler la
bouteille, puis prendre la dofe pref-
crite, qui eft vne cuillerée chaque matin.

SECOND ETAGE

DV CABINET

SECRET.

PRESERVATIFS EXTERNES.

Omnis natura & malignitas & serpentum,
aliorúmque venenatorum domatur,
vt fidelibus seruiant. Epist.
Iacob. c. 3.

LA principale puissance des preseruatifs externes consiste dans vne certaine vertu magnetique, par laquelle ils attirent les venins & la contagion du dedans au dehors des corps, auec vn succez si visible que nul n'en peut douter, quoy qu'il soit tres-difficile de dire en quoy elle consiste, le sentiment des Docteurs

&teurs eſtant partagé ſur ce ſujet.

Les vns veulent qu'elle vienne du meſlange des premieres qualitez preciſement dans vn tel degré ; les autres qu'elle depende abſolument de la diference des formes ſubſtancielles, rejettants le meſlange des premieres qualitez, ne conſiderants pas que le meſlange des premieres qualitez preciſement dans vn tel degré, produit neceſſairement vne telle forme ; comme, par exemple, la ſeichereſſe jointe auec la chaleur au plus haut dégré, produit neceſſairement la forme ſubſtantielle du feu, & non autre, & partant ils diſent la meſme choſe que ceux deſquels ils condamnent l'opinion. Les autres veulent qu'elle vienne d'vn certain meſlange & diſpoſition de toute la maſſe, qu'ils appellent *Mode* ou *maniere de ſubſtance.*

Laiſons là ces chicanes qui ne gueriſſent de rien, & qui ne ſont bonnes que pour l'Ecole, & diſons que les Aragnées, l'If, & les Aulx, que les païſans attachent auec heureux ſuc-

D

cez sur le col des bras de ceux qui ont les fiévres tierces ou quartes, jointes auec quelque malignité; le Guy de chefne, duquel on fait tous les jours des Chappelets, & qu'on pend au col dans des fachets; & le pied d'Elan qu'on enchaffe dans des anneaux, & duquel on fait des braffelets contre le mal Caduc; les Scorpions, les Frolons & les Abeilles qu'on écrafe pour les appliquer fur leur propre piqueure; le poil des chiens enragés mis fur leur morfure, les Crapaux qu'on lie fur les bubons de la Pefte; l'huile de Scorpions & d'Aragnées, duquel on oint les Emonctoires dans les maladies malignes & contagieufes, & plufieurs autres chofes femblables que je paffe foubs-filence; l'experience & le confentement general de tous ceux qui ont la moindre connoiffance de la Medecine, ne nous permet pas de douter qu'il n'y ait des Medicaments, qui ont la puiffance d'attirer le venin des Maladies contagieufes du dedans au dehors des corps.

De là nous pouuons tirer cette forte conclusion, que, puisqu'il y a des medicamens, qui attirent les venins des maladies contagieuses du dedans au dehors, & les surmontent, lors mesme qu'ils ont déja fait impression sur les corps, de sorte qu'ils ont commencé à en détruire les parties solides, qu'ils ont corrompu les humeurs & infecté les Esprits ; il sera bien plus facile aux mesmes medicaments, d'attirer & de vaincre ces épouuentables venins auant qu'ils ayent fait aucune impression, & de nous preseruer par ce moyen de leurs dangereuses suites.

Ces excelents Remedes s'ordonnent sous les noms de Pentacules, Periaptes, Amulettes, Huiles & Emplastres Magnetiques.

Les Pentacules sont de grandes medailles formées d'vne paste Magneti-que qu'on enferme entre deux Cri-staux entourez d'vn cercle d'or ou d'argent percé à jour pour les personnes de qualité ; ou entre deux morceaux de drap en forme d'Agnus ou de fcapulaire pour les perfonnes moins confiderables. On les porte en-tre les habits & la chemife du cofté du cœur.

Les Periaptes font noüets, fachets, ou Médailles perfées à jour, remplis de poudres, animaux, ou paftes Ma-gnetiques pour porter au col fufpen-dus auec vn ruban.

Les Amulettes font les mefmes cho-fes, qu'on enueloppe entre deux lin-ges fort deliés, ou deux morceaux de taffetas pour les appliquer fur le col des bras en forme de braffelets. Ce font auffi toutes fortes de braffelets preferuatifs, tels que font ceux de Guy de chefne ou de pied d'Elan con-tre le mal caduc.

Les huiles feruent pour oindre les Emonctoires, & les emplaftres pour apliquer fur les bubons, qu'elles ou-urent heureufement & empefchent qu'ils ne fe referment auant que tout ce venin foit diffipé.

Ie ne vous rapporteray pas icy le grand nombre de tels preferuatifs, qui se treuuent chez les Autheurs. Ie me contenteray de vous donner ceux que l'experience a rendu si celebres entre les Docteurs qui ont traitté plusieurs fois la Peste, qu'ils les ont reseruez jusques aujourd'huy, comme de tres-grands secrets. Receuez-les en bonne part, puisque je suis assez desinteressé pour vous les communiquer.

LE GRAND PENTACVLE
Nagnetique Pestilentiel, Preseruatif contre toutes sortes de Maladies contagieuses.

Renez huile de Scorpions composée, de la description de Mathiole, quatre onces, Huile d'Araignées, deux onces.

Mettez-les dans vne grande écuelle de terre vernie le sur rechaud, puis vous y adjousterez.

Rage de viperes.

Rage de Scorpions de chacune deux dragmes.

D iij

Rage de Crapaux, demye once.

Graiffe de Crapaux, vne once.

Axonge de viperes, deux onces.

Fiel de viperes, deux dragmes.

Lorfque toutes ces chofes commenceront à boüillir, vous y adjoufterez vne liure de cire neuve coupée par petits morceaux, & vne demye liure de poix-refine puluerifée.

Lorfque le tout fera fondu & bien meflé vous y adjoufterez.

Poudre d'Aragnées.

Poudre de Scorpions.

Poudre de Crapaux.

Poudre de Viperes, de chacune deux onces.

Ayant bien incorporé toutes ces chofes en les remuant fubtilement & prenant bien garde que la fumée ne vous nuife, vous les ofterez du feu & y adjoufterez encore.

Deux onces d'Eymant Arfenical en poudre tres-fubtile, &

Lacque de Venife, autant qu'il en faut pour luy donner vne belle couleur, ou du cynabre à fon défaut.

Meſlez bien toutes ces choſes en les remuant toûjours auec vne ſpatule de bois, juſques à tant que voſtre compoſition ſoit aſſez froide pour en former promptement toutes vos Medailles, la conſeruant pour cét effet ſur les cendres chaudes, de peur qu'elle ne ſe refroidiſſe trop.

C'eſt vn tres-puiſſant preſeruatif, attirant fortement au dehors le venin de la Peſte, & fiévres peſtilentielles, conſeruant les parties nobles & les eſprits de toutes ſortes de contagion, & faiſant heureuſement ſortir le pourpre & les petites veroles.

Mais il faut qu'il ſoit fidelement preparé, & je ſuis obligé de vous dire que vous ne vous en deuez ſeruir d'aucun que vous n'ayez veu compoſer, à cauſe de la grande difficulté qu'il y a de recouurer & preparer tous les venins qui y entrent ; à moins qu'il vous ſoit liuré par vn homme d'honneur, auquel vous puiſſiez vous fier d'vne choſe où il y va de la vie.

Ie ſuis encore obligé de vous aduer-

tir de n'y mesler ny Ambre ny Muse,
de peur que le Souphre des venins ve-
nant à se mesler & vnir auec celuy de
ces excelents Aromates, ne s'exhale
auec luy pour vous offencer le Cerueau.

Or comme il seroit impossible à ceux
qui auroient la curiosité de le faire
preparer, de recouurer les Rages &
quelques autres choses qui y entrent,
il vous en faut enseigner la preparation.

Huile d'Aragnées.

PRenez de ces grosses Aragnées
noirastres, qui sont toutes marquetées de taches jaunes, ou au défaut
d'icelles, telles que vous les pourez
trouuer. Mettez-les dans vne phiole
de verre fort, où il y ait autant d'huile
d'amendes ameres qu'il en faut pour
surpasser d'vn doigt & noyer toutes
lesdites Aragnées, y adjoustant autant
d'absinthe coupée bien menu & pilée,
qu'il

qu'il y peut auoir d'Aragnées, auec vn peu de Menthe Rouge. Bouchés bien la phiole & l'enterrés dans vn fumier l'espace de quinze jours, pour faire pourrir & fermenter les Aragnées dans l'huile, puis ayant retiré voftre phiole, vous mettrez le tout dans vn petit sac de toile forte, & fepareres l'huile des Aragnées & des herbes par le preffoir ;

Puis l'ayant laissé repofer, vous fe-parerez l'huile pure des craffes & de l'humidité aqueufe pour la garder dans vne phiole bien bouchée,

Cette huile ne cede à aucune autre pour attirer du dedans au dehors le venin des maladies contagieufes. On la fait tiedir fur vne affiete, pour en frotter les Emonctoires. On l'applique auffi fur le col des bras auec du cotton pour le mefme effect.

Rage de Viperes.

LOrsqu'on foüette les viperes pour faire la Theriaque, & qu'elles font fort en colere, vous leur ferez mordre de petits morceaux d'éponge bien feiche, que vous leur prefenterez au bout d'vn petit bafton, ou auec des pincettes fort longues & faites exprés, & elles les empliront d'vn venin tres-pernicieux. Iettés enfuite ces petits morceaux d'éponge dans vne phiolle que vous aurez toute prefte, & verfez par deffus autant d'huile d'amandes ameres qu'il en faut pour les bien imbiber, bouchez bien la phiole, & l'expofez au Soleil l'efpace de quinze jours, apres lefquels vous romprez la phiole, & prefferés fortement les éponges, pour en faire fortir la rage des viperes, que vous garderés dans vne autre phiole bien bouchée.

Rage de Scorpions.

PRenez telle quantité qu'il vous plaira des Scorpions de Sommie-res en Languedoc, qui ayent esté amaſ-ſez pendant les grandes chaleurs de la canicule ; & ayant fait ſur la terre pluſieurs ronds ou cercles de feu, d'enuiron vn pied & demy de diametre, auec du charbon bien allumé ; vous mettrez au milieu de chacun de ces ronds deux ou trois Scorpions auec de longues pincettes fort deliées, & faites exprés. Vous verrez que les Scorpions ſe tourmenteront & agiteront beaucoup incontinent qu'ils ſentiront la chaleur vn peu violente, & deuenant en ſuite comme enragés de ne pouuoir ſortir de ces ronds, ils ſe picqueront & creueront eux-meſmes. Amaſſez ſoigneuſement le venin qui ſortira de la picqueure auec de petits morceaux d'éponge bien ſeiche que vous tiendrez tous preſts. Iettez ces petits morceaux d'éponge dans vne phiole que

vous aurez preparée, & versez par dessus autant d'huile de Spic qu'il en faut
pour les bien imbiber. Bouchez bien la
phiole & l'exposez au Soleil l'espace
de quinze jours, apres lesquels vous
romprés la phiole & presserés fortement les éponges pour en faire sortir
la rage des Scorpions que vous garderés dans vne autre phiole bien bouchée.

Autrement.

ENfermez vn milier de Scorpions
de Sommieres tous en vie , dans
vn pot de terre verny ; adaptés-y son
couuercle, & bouchez bien les jointures auec de la farine & des blancs
d'œufs. Mettez vostre pot dans vn
bain Marie ; faites bien chauffer l'eau,
prenant garde toutefois qu'elle ne
boüille. Tenez le bain & le pot en cét
estat l'espace de quatre heures , apres
lesquelles vous tirerez vostre pot du
bain , & lorsqu'il sera froid , vous l'ouurirez & prenant tous vos Scorpions

(qui pour lors feront morts) les vns
apres les autres, auec des pincettes,
vous les effuierez bien auec de petits
morceaux d'éponge bien feiche , que
vous jetterez dans vne phiole. Et lorfque vous aurez ofté tous vos Scorpions, vous verferez dans le pot autant deux fois d'huile de Spic que vous
y aurés treuué du venin des Scorpions, & les ayant vn peu fait chauffer enfemble, pour les bien mefler,
vous la verferez dans voftre phiole fur
les morceaux d'éponge que vous y
auez mis. Effuyez bien le pot auec
d'autres morceaux d'éponge que vous
jetterez dans la phiole auec les pre-
miers, bouchez bien la phiole & l'expofez au Soleil l'efpace de quinze
jours, & acheuez, comme deuant.

Pour auoir la Rage & la graiffe des Crapaux.

PRenez le plus que vous pourez
de ces gros Crapaux tous cou-
verts de puftules, qu'on trouue dans

les jardins & dans les champs & les vi-
gnes pendant le mois de May. Ie d'y
pendant le mois de May, parce que
pour lors étant en amour leur venin en
eſt plus violent; outre que preſque
dans tous les autres mois qu'on les
peut trouuer ils filent & ne valent à
rien pour eſtre tous pleins de bourre.

Prenez ces crapaux & les ſuſpen-
dez tous en vie par les pieds de derrie-
re à vn petit baſton auec vn filet. At-
tachés le baſton par les deux bouts
aux Chenets deuant le feu pour les
faire lentement roſtir, tournez-les
de temps en temps, en changeant le
baſton bout pour bout; & quand ils
ſentiront la chaleur vn peu violente,
vous les verrez s'agiter beaucoup, &
deuenant comme enragés, ils degor-
geront vne matiere noiraſtre & gluan-
te, que vous receutés dans de petites
écuelles de terre vernie, dans leſquelles il y aura vn peu de cire fonduë,
& ſous leſquelles vous aurés mis des
cendres chaudes.

Lorſqu'ils ſeront morts, ou pour le

moins lors qu'ils ne rendront plus de
cette matiere , vous changerez les
écuelles & y en remettrés d'autres
sans cire , & augmentant le feu, vous
receurés la graisse. Gardés l'vne &
l'autre à part pour vos vsages.

Poudre d'Aragnées.

PRenez de ces grosses Aragnées,
desquelles nous auons parlé cy-
dessus , & en faites noyer vn si grand
nombre dans de l'Esprit de vin que
vous aurés preparé dans vn matras,
que ledit Esprit ne surpasse plus les
Aragnées que de deux trauers de
doigt. Adaptés-y vn vaisseau de rencontre , bouchés bien les jointures, &
le circulés au bain Marie jusques à
tant que l'Esprit se charge d'vne couleur rougeastre. Laissés pour lors refroidir vostre vaisseau , & l'ayant ouuert vous separerés l'Esprit des Aragnées , par inclination , & le garderés
soigneusement dans vne phiole bien
bouchée, sous le nom *d'Esprit Magne-*

tique, pour les vsages que nous dirons cy-apres.

Prenez vos aragnées ainsi preparées, & les ayant mises dans vn pot de terre verny, adaptés-y son couuercle & bouchés bien les jointures, & l'enterrez dans le sable au fourneau, luy donnant vn feu tres lent, pour les desseicher doucement, afin de les reduire en poudre tres-subtile.

Poudre de Scorpions & de Crapaux.

ON reduira en poudre les Scorpions desquels on a tiré la Rage, si on les fait encore desseicher, comme nous auons dit des Aragnées, on fera la mesme chose des Crapaux.

Poudre de Viperes.

APres auoir écorché les Viperes, & leur auoir osté la graisse, les entrailles, la teste & la queuë, on coupe le reste par tronçons, & on le fait desseicher dans vne courge de verre à la chaleur

chaleur du bain, jusques à tant qu'ils
se puissent reduire en poudre.

Eymant Arsenical.

PRenez parties égales d'Antimoine
crud, de Souphre jaune, & d'Arse-
nic blanc, & les ayant subtilement
puluerisez & bien meslez, vous les
jetterez dans vne phiole de verre, que
vous enterrerez dans le sable, & luy
donnerez vn feu lent pour les faire
fondre tout doucement. Lors que la
matiere sera fonduë (ce que vous
connoistrez en y introduisant le bout
d'vn petit baston, ou d'vn fil de fer)
vous l'osterez du feu & la laisserez refroidir, & elle deuiendra dure comme
vne pierre.

AVTRE PENTACVLE
Magnetique.

PRenez trois onces d'Eymant Arsenical & deux onces de bon ver-

F

de gris, & les reduisez en poudre
tres subtile : detrempés ces choses
dans vn mortier, auec Mucilage de
Gomme Atragant : adjoûtes-y trois
onces de farine d'amidon, & ensuite
les poudres de Viperes, de Scorpions,
d'Aragnées & de Crapaux, de chacune deux onces. Agités & meslés
bien toutes ces choses dans le mortier
auec le pilon, & les reduisés dans vne
paste qui ne soit ny trop dure ny trop
molle pour en former des medailles de
la grandeur & épaisseur d'vn écu blanc
que vous laisserez seicher à l'ombre ;
& quand elles seront seiches, vous les
couurirés du vernis Magnetique suiuant, ayant fiché au costé d'icelles la
pointe d'vne aiguille emmanchée au
bout d'vn petit baston, que vous tiendrez à la main, afin que par ce moyen
vous puissiez en mesme temps appliquer le vernis sur toutes les parties de
la medaille, & que vous la puissiez en-
suitte laisser seicher ainsi suspenduë
en fichant l'autre bout du baston dans
quelque trou, hors du Soleil & de la
poufsiere,

Vernis Magnetique pour les Medailles des Pentacules.

PRenez huit onces de noſtre Eſprit Magnetique, & y faites diſſoudre vne once de Karabé, demie once de Camphre, & vne once de Therebentine de Veniſe fort claire, dans vn petit matras de verre bien bouché, au bain Marie, & lorſque le vernis ſera froid, vous l'appliquerez auec vn pinceau.

Quand les Medailles ainſi vernies ſeront ſeiches, vous les ferez enchaſſer entre deux criſtaux, dans des cercles d'or ou d'argent perſez à jour tout autour, mettant vn petit ruban ſatiné entre les bords de la Medaille & le cercle.

Il faut qu'il y ait vne boucle au coſté du cercle pour paſſer le ruban duquel on ſe ſeruira pour pendre les pentacules.

Ce preſeruatif eſt tres excellent, & eſt celuy-là meſme duquel ſe ſeruoit cet Hermite qui s'est rendu si fameux à la derniere peste de Tholose. Il portoit deux de ces Medailles sans cercle & sans cristaux, cousuës dans les deux bouts d'vn Scapulaire du mesme drap duquel il estoit vestu. Neãtmoins nous pouuons dire que celuy que nous venons de donner est beaucoup meilleur & plus asseuré, à cause des Rages & des huiles magnetiques qui n'entrent point dans celuy·cy.

Ils conseruent leur vertu l'espace de plus de dix ans..

AVTRE PENTACVLE
Magnetique, preseruatif des pauures.

PRenez vn morceau de pain de la grandeur de la paume de la main ou enuiron, & de l'épaisseur d'vn demy trauers de doigt, faites le rostir des deux costez jusques à ce qu'il soit bien sec. Apres cela vous le picoterez des deux costez auec la pointe d'vn cou-

teau, puis vous le mettrez au deſſous
d'vn Crapaut que vous ferez roſtir
tout en vie pour en receuoir la graiſſe
tantoſt ſur vn coſté du pain & tantoſt
ſur l'autre, juſques à tant qu'il en ſoit
tout imbibé. Couſez enſuite ce pain
entre deux morceaux de drap, pour le
porter entre l'habit & la chemiſe du
coſté du cœur.

C'eſt le preſeruatif ordinaire de ceux
qui s'expoſent pour enleuer & enterrer les corps des peſtiferez.

AVTRE PRESERVATIF
pour les Pauures.

PRenés parties égales de Mercure
crud, de ſublimé corroſif & d'ar-
ſenic. Incorporés bien ces choſes
dans vn mortier, & en empliſſés des
canons de plume, que vous bouche-
rés par les deux bouts auec de la cire,
& les enueloperés dans du taffetas ou
du linge delié pour les porter entre
l'habit & la chemiſe des deux coſtez,
pour tenir lieu de pentacules.

Des Periaptes.

LEs mesmes pastes & compositions Magnetiques que nous
venons de donner pour les pentacules pouront seruir pour faire de tres-
excelents Periaptes contre la peste &
autres maladies contagieuses.

Plusieurs Autheurs se vantent
d'auoir esté conserués par l'Eymant
Arsenical seul enfermé dans vn noüet
& suspendu au col,

Les grosses Aragnées noirastres,
marquetées de taches jaunes, enfer-
mées dans vn noüet toutes en vie au
nombre de trois ou quatre, & suspen-
duës au col font des merueilles dans
les fiévres malignes & petites veroles.
Elles se conserueront & opereront
beaucoup mieux, si on les enferme
dans vne petite boette d'or, d'argent,
ou de fer blanc persée à iour de tous
costés.

Le Guy de Chesne, le pied d'Elan,
& la racine de peone ou pyuoine, font
excelents contre le mal caduc,

Des Amulettes.

ON peut appliquer ſur le col des bras vn peu de la compoſition de noſtre grand Pentacule étenduë ſur vn morceau de linge en forme d'emplaſtre.

On y peut auſſi appliquer l'huile d'Aragnées ou de Scorpions ſeule auec du cotton, mettant du papier & vne petite compreſſe par deſſus pour la lier.

TROISIESME ETAGE

DV CABINET

SECRET.

REMEDES SPECIFIQVES
pour ceux qui sont frappez
de la Peste.

De manu mortis liberabo eos, de morte
redimam eos Osea. 13. v. 14.

E n'est pas assez d'auoir donné des remedes propres pour garantir & preseruer les hommes de toutes sortes de maladies contagieuses, & particulierement de la Peste; la Charité nous oblige encore de soulager promptement ceux qui sont assez malheureux pour en estre frappés.   Les

Les Autheurs fournissent quantité de remedes pour cét effet, tát internes qu'externes, la plufpart inutiles, pour eftre le plus fouuent falfifiés par ceux qui nous les aportent des païs Etrangers, ou pour eftre trop lents dans leurs operations.

Pour moy je me tiendray dans les bornes que je me fuis prefcrit, & ne vous donneray que ceux que l'experience a fait connoiftre tres-affeurés

Pendant la derniere Pefte de Bourges vn Etranger s'expofa pour traitter les peftiferez, ce qu'il fift auec tant de fuccez, qu'il fauua generallement tous ceux qui furent affez heureux pour tomber entre fes mains dés le commencement de leur mal, fans leur faire prendre autre chofe qu'vn verre d'vne liqueur qu'il compofoit.

Ce beau fecret obligea vn Chirurgien de mes parens pareillement expofé, de rechercher l'amitié de cét Etranger, pour tafcher de découurir fon remede ; mais n'en eftant pû venir à bout ny par prieres ny par échange,

G

il se resolut de se cacher dans vne
Chambre voisine, de laquelle il pou-
voit voir tout ce qui se passoit dans
celle de l'Estranger.

Enfin, il remarqua que cet Etranger
ne se seruoit d'autre chose que de la
Gilla de Paracelse dissoute dans de
l'eau de fontaine, de laquelle il emplis-
soit cinq ou six grande cruches, gar-
dant tousiours cette proportion, de
mettre trois dragmes de Gilla en poudre sur deux livres d'eau; delaquelle
il faisoit prédre vn grand verre incontinent qu'on étoit frappé, & reiteroit
la mesme dose sept ou huict heures
apres, ensuite dequoy il se seruoit des
Cordiaux ordinaires & faisoit prendre
quelque legere nourriture.

Vn Medecin Italien faisoit la mesme chose pendant la derniere Peste de
Montpellier, & fut découuert par
Monsieur Ranchin Chancelier & Iuge de nostre Vniversité, qui pour
lors estoit premier Consul & traittoit
la Peste.

PREPARATION DE LA GILLA
de Paracelse.

PRenez telle quantité de Vitriol blanc qu'il vous plaira, faites le dissoudre dans de l'eau de fontaine : philtrés la solution par le papier
gris, & l'ayant ensuite fait éuaporer
jusques à la pellicule, vous l'exposerez dans vn lieu froid pour le faire
Cristalliser.

Separez l'eau des Cristaux par inclination, & la faites derechef éuaporer
jusques à la pellicule, & l'exposés en
lieu froid continuant tousiours ainsi
jusques à tant que tout v ostre vitriol
soit reduit en Cristaux.

Reïterez par trois fois la mesme ope-
ration pour bien purifier vostre vitriol.

Enfin vous reïtererez encore par trois
fois vos dissolutions & cristallisations
dans de l'eau de Scabieuse ou de chardon benit, apres quoy ayant fait des-

seicher fort lentemnt vos cristaux
vous les reduirez en poudre, & les
garderez dans vn vaisseau de verre
pour voftre vsage.

Ce vitriol ainsi preparé resiste puis-
famment à la pouriture, & éuacuë
fort doucement par le vomissement
toutes les mauuaises humeurs de l'E-
ftomach & des parties voisines, deli-
urant ainsi le cœur & les autres parties
nobles de tout ce qui les peut incom-
moder. C'est pour cela qu'il est si vtile dans la Peste & fiévres pestilentielles, parce qu'il oste & emporte tout
ce qui pouroit empefcher l'effort de la
nature & l'effet des Cardiaques.

Il tuë aussi les vers, & est vn tres-
excelent remede contre l'Epilepsie,
douleurs de tefte, catharres, & contre
toutes les maladies de l'Eftomach, qui
viennent de l'abondance ou corruption des humeurs.

Il fait aussi des merueilles dans les
fiévres tierces & quartes, donné dans
vn boüillon au commencement de
l'accez. On le peut aussi donner dans

vne petite infusion de fené, & pour
lors il fera fort doucement fon opera-
tion par le bas.

La dofe eft depuis vingt grains
jufques à foixante.

CARDIAQVES SPECIFIQVES
dans la Pefte.

APres l'vfage de la Gilla on a recours aux Cardiaques ordinaires, qui font les confections d'Hyacinthe & d'Alkermes, le laict ou
Magiftere de Perles, la Theriaque
& le Bezoard, qu'on donne dans des
boüillons, potions cordiales ou autrement, felon que le prudent Medecin
le Iuge à propos. Mais comme les
confections d'Hyacinthe & d'Alkermes auffi bien que les perles, agiffent
trop lentement dans la Pefte, qui de-
mandevn prompt fecours, quoy qu'elles faffent tres-bien dans les petites verolles & fiévres pourprées, &
que la Theriaque n'eft pas toûjours

fidellement compofée, & qu'il ne fe
rencontre prefque plus, pour ne pas
dire point du tout, de vray Bezoard
dans les boutiques. Ie confeille de
donner d'abord le Bezoard animal, ou
noftre Ambre de vie, qui étant bien
preparés & donnés fort à propos ne
manqueront jamais de produire les
effets qu'on en doit attendre.

BEZOARD ANIMAL
fimple,

IL y a deux fortes de Bezoard animal fimple ; Le premier eft la poudre de Viperes preparée, comme nous
auons enfeigné.

La dofe peut aller jufques à vne
dragme ou quatre fcrupules.

Le fecond eft l'Axonge ou graiffe
de Viperes, dont la preparation eft
telle.

Quand on a écorché les Viperes,
on trouue dans leurs corps beaucoup
de graiffe blanche tout le long des

entrailles. Separez cette graisse des
entrailles & du fiel, & la lauez bien dãs
du vin blanc, puis l'ayant coupée fort
menu, vous la ferez fondre dans vne
ventouse, ou dans vne écuelle de terre vernie, & lors qu'elle sera bien fonduë, vous la passerez au trauers d'vn
petit linge delié, ou d'vn morceau de
taffetas, receuant ce qui passera, dans
vne écuelle de terre vernie, qui soit à
demy plaine de vin blanc, dans lequel vous battrez cette graisse auec
vne spatule de bois, enuiron vne demie heure, puis l'ayant laissé reposer,
vous separerez la graisse du vin, par le
le moyen d'vn entonnoir de verre,
dans l'extrémité du canon duquel,
vous aurez mis vn petit morceau de
cotton. Gardez soigneusement cette
graisse, aussi claire & aussi pure que de
l'huile, dans vne phiole de verre bien
bouchée, & dans vn lieu frais, comme vn grand & tres-asseuré diaphore-
tique, qui pousse puissamnrent la malignité du centre à la circonference.

La dose peut aller jusques à dix ou

douze goutes dans vn boüillon, ou
quelqu'autre vehicule conuenable.

Bezoard animal composé.

IL y a pareillement deux sortes de
Bezoard animal composé.

Le premier est tel.

Prenez six onces de poudre de Viperes bié preparée, racine Contrayerua,
racines Dangelique & de Scorzonere d'Espagne, desseichées à l'ombre &
subtilement puluerisées, de chacune
vne once ; meslez-les exactement.

La dose est depuis vn scrupule jusques à vne dragme dans les vehicules
conuenables.

Le second est tel.

Prenez telle quantité qu'il vous
plaira de bonne huile de Scorpions
composée, & l'ayant passée au trauers
d'vn petit linge delié, vous en ferés
vn *Oleosaccharum*, que vous donnerés
dans des boüillons, juleps, potions
cordiales, ou autres vehicules.

C'est vn grand remede dans les
fiévres

fiévres pourprées rougeoles & petites verolles, qu'il fait sortir fort heureu-ment.

La dose peut aller depuis vn demy scrupule jusques à vne dragme.

Ambre de Vie.

PRenez trois dragmes d'Ambre gris, vne dragme de Musc, & deux dragmes de succre candy; puluerisés-les subtilement, & les jettés dans vn Matras de verre fort, qui ait le col bien long. Puluerisés dans le mesme mortier quatre onces d'Ambre blanc, du plus beau que vous pourés trouuer, & les jettés dans le mesme Matras, & versés par dessus vne liure d'Esprit ardant ou huile Ætherée des bayes de Genié-vre. Adaptés-y vn vaisseau de rencon-tre, qui ait pareillement le col fort long, bouchés bien les jointures, & les faites digerer au bain tiede, ou dans le fient de cheual, jusques à la parfaite dissolution de toutes vos ma-

tieres, ce qui arriuera au bout de quatre ou cinq jours. Ouurés pour lors
voftre vaiffeau, & philtrés cette
diffolution pendant qu'elle eft chaude, la faifant paffer au trauers d'vn
linge delié bien blanc que vous aurés
moüillé dans de l'efprit de vin. Con-
ferués ce qui n'aura pû paffer, comme tres-propre pour les paftes de fen-
teurs, & remettés dans voftre Matras
ce qui aura paffé, & y adjouftés quatre onces de vray baume blanc ou liquidambar tres-pur. Adaptés-y le
vaiffeau de rencontre & les faites encore circuler l'efpace de quatre ou
cinq jours pour les bien vnir, aprés
lefquels vous ouurirés le vaiffeau, &
conferuerés cét Ambre dans vne
phiole bien bouchée, comme vne liqueur qui n'a point de prix.

Vertus de l'Ambre de Vie.

C'Eft icy le grand fecret, le Remede fans degouft & fans danger, la Medecine des Princes, plus

precieuſe que l'or potable, plus puiſ-
ſante en vertus que la pierre de Bu-
thler, plus excelente que le grand
Alkaeſt & or horizontal des ſpagiri-
ques, plus amie de nos corps que le
Nepentes des Poëtes, qui nous con-
ſeruera & deliurera beaucoup mieux
d'vne infinité de maux que tous les
Elixirs des laboratoires, ny que la Pa-
nacée Chimerique des Philoſophes.
C'eſt le vray Baume de la Nature,
conforme à la chaleur & humidité
Radicale, auec leſquelles il s'vnit
pour empeſcher, ou du moins dimi-
nuer la diſſipation continuelle de ces
principes de noſtre vie, & reparer la
perte que nous faiſons de noſtre propre ſubſtance; d'où il s'en ſuit qu'il
prolonge de beaucoup la vie en conſeruant la vigueur, & retardant la
caducité & autres faſcheux accidents
qui accompagnent ordinairement la
vieilleſſe.

Il viuifie les Eſprits vitaux, animaux & naturels, purifie la Maſſe du
ſang, corrige la pouriture, réjoüit le

cœur & le cerueau, fortifie les nerfs & les membranes, resiste au mal Caduc, empesche les synoopes & defaillances, & chasse le venin des maladies contagieuses, partie par les vrines, partie par les sueurs & la transpiration. Ouure les obstructions, mondifie, deterge & consolide les vlceres internes, arreste le crachement de sang, restablit l'œconomie de la poitrine & de l'estomach, pousse les vrines, nettoye les reins & la vessie, fortifie la matrice, regle les Dames & guerit leur perdre blanc, les rendant par ce moyen fœcondes.

La Dose est huict ou dix goutes dans des vehicules propres.

Il produit aussi de tres-beaux effets appliqué exterieurement.

Meslé également auec huille de Ruë, & appliqué dans les oreilles auec du cotton aprés les auoir nettoyées, il les fortifie, dissipe le bruit & les bourdonnements, & restablit l'oüye perduë ou diminuée par maladie ou par quelqu'autre accident.

Meflé pareillement auec huile de-
Ruë, il fortifie les yeux, en ofte les
demengeaifons, rougeurs, larmes &
chaffie, & éclaircit la veuë fi on en
frotte feulement le bort & le deffus
des paupieres tous les foirs.

Seul ou meflé auec huile de lin, il
diffipe la tumeur des Hemorrhoides,
& en ofte la douleur, fi on les en frotte legerement, & qu'on applique vn
peu de cotton par deffus.

Il conferue la douceur & delica-
teffe du teint & fait auoir bonne
odeur, fi on en mefle quelques goutes dans les pommades.

Meflé auec de l'huile de Noifettes,
il fait croiftre & reuenir les cheueux,
& les empefche de tomber & de blan-
chir, fi on en frotte les peignes.

Specifiques Externes dans la Pefte.

PEndant qu'on fe fert de ces
grands Cardiaques que nous venons de décrire, pour chaffer le venin
du dedans au dehors, il faut auffi atti-

rer le mesme venin par le moyen des Magnetiques specifiques, tels que sont les huiles d'Aragnées & de Scorpions appliquées aux émonctoires, & s'il paroist des charbons ou bubons, on y appliquera des Crapaux tous en vie, si on en peut auoir, ou au deffaut d'iceux, on aura recours à l'emplastre magnetique suiuant.

Emplastre Magnetique

PRenez Serapin, Ammoniac, Galbanum de chacun trois onces, faites les dissoudre dans de bon vinaygre, coulés-les & les faites cuire jusques à vne consistence raisonnable.

Prenez en suite quatre onces de Therebentine & autant de Cire jaune que vous ferés fondre, & lors qu'elles seront bien fonduës vous les osterés du feu pour y messer exactement les gommes, & lors qu'elles seront bien meslées vous y adjousterés vne once d'huile de Scorpions & autant d'huile de Karabé.

Enfin vous y adjousterés trois onces d'Eymant arsenical en poudre & demie once de Colcotar, & ayant bien meflé ces chofes vous en formerés des Magdaleons.

Eftant appliqué fur les charbons & bubons de la pefte, il les rompt & fait incontinent fuppurer, attirant puiffamment le venin du dedans au dehors, & empefche que l'vlcere ne fe ferme auant que tout le venin foit diffipé.

QVATRIESME ETAGE

DV CABINET

SECRET.

DES PARFVMS.

Odoratus est Dominus odorem suauitatis.
Gen. 8. v. 21.

Pres auoir guery nos Malades, il faut desinfecter les maisons où il y a eu des Pestiferés, & les habits de ceux qui peuuent estre suspects.

Parfum Royal.

PRenez vne liure d'Oliban, deux liures de Poix-resine, demie liure de

de cire & autant de bithume, & quatre
onces de myrrhe. Faites fondre toutes ces choses dans vn vaisseau de terre vernie. & lors qu'elles seront bien
fonduës ; vous y adjousterez trois onces d'huile de Geniévre, & quatre onces de bon sucre, auec lequel vous aurés bien meslé dans vn mortier, deux
dragmes d'Ambre gris, & vn scrupule de bon musc.

Toutes ces choses étant bien meslées, vous les osterés du feu, & les
laisserés refroidir jusques à tant que
vous en puissiés former des boulettes
ou pastilles de la grosseur d'vn pois.

On prendra vn Encensoir ou vn rechault plein de feu, dans lequel on
jettera de temps en temps vne de ces
boulettes, en se promenant lentement tout au tour des Chambres, &
par le milieu pour les bien parfumer
& des-infecter.

Aprés cela il les faut bien baleyer
& nettoyer, puis recommencer le
parfum tout de nouueau, fermant
toutes les fenestres pour retenir la fumée.   I

Aprés le dernier parfum on ouurira
le lendemain toutes les feneſtres l'eſpace de huiḃ jours pour donner de
l'air aux chambres, ,apres leſquels les
ayant encore parfumées on les poura
habiter auec aſſeurance.

Autre Parfum pour les Bourgeois.

Prenez vne liure d'Encens, deux
liures de poix-reſine, demie liure de bithume, vne liure de cire, demie liure de ſalpeſtre, quatre onces,
de ſouphre quatre onces, d'huile de
geniévre & vne once de ſtyrax.

Toutes ces choſes étant fonduës &
bien incorporées enſemble, vous en
formerés des boulettes, pour vous en
ſeruir comme du parfum Royal.

Parfum des Pauures

Prenez de cette ſuye de Chemi-
née, qui eſt luiſante comme de
la poix, quatre liures, pulueriſés la le
mieux que vous pourés.

Prenez enſuite deux liures de poix reſine, deux liures de ſouphre, vne liure de ſalpeſtre & demie liure d'huile commune ; faites fondre toutes ces choſes en les remuant touſiours auec vn baſton, & lors qu'elles ſeront bien fonduës, vous y meſlerés le plus que vous pourrés de voſtre ſuie, & le laiſſerés refroidir.

Ce Parfum eſt de mauuaiſe odeur, neantmoins il eſt ſi excelent pour desinfecter, qu'il ne cede à aucun autre.

L'vſage eſt d'en jetter de petits morceaux ſur les charbons allumés dans vn rechault, & acheuer comme nous auons dit au parfum Royal.

CINQVIESME ETAGE
DV CABINET
SECRET.

SPECIFIQVE PROPRE contre les fiévres intermitentes.

Omnis Medecina à Deo est. ipse creauit medicamenta, & vir sapiens ea non abhorrebit Ecclesiast. c. 38.

Voy que les fiévres intermitentes soient exemptes de tout danger, suiuant les Loix du grand Hippocrate, confirmées par l'experience de plus de deux mil ans, *Febres quocumque modo intermiserint periculo vacant.* Il faut neantmoins que le Medecin qui veut entreprendre de les traiter auec honneur,

apporte tous ses soins pour choisir les
remedes propres, & les proportion-
ner au temperament & aux forces des
malades, & qu'il prenne bien son
temps pour les donner. Autrement
ces fiévres qui d'elles - mesmes n'e-
stoient point considerables, se chan-
geront en continües au moindre remede mal conditionné, ou donné mal
à propos, ou à vne simple seignée faite à contre-temps, & le desordre se
mettant ensuite dans les humeurs, il
aura le déplaisir de voir que ces fiévres qu'il a negligées deviendront
presque tousiours malignes, & fort
souuent contagieuses.

Il est vray qu'elles ne deuiennent
pas tousiours continuës, mais il arrive
vn autre inconuenient ; car apres
quelque purgatif donné trop fort ou
trop tost, ces fiévres s'aigrissent telle-
ment, que d'vne simple tierce, il s'en
forme vne quarte ou double quarte ;
ou triple quarte, ou quelque autre
chose de plus mauuais ; & souvent le
remede ayant poussé les humeurs

auec trop de violence , augmenté les obſtructions , & rendu les voyes , par où les remedes doiuent eſtre portez au focus , beaucoup plus difficiles, elles s'enracinent & deuiennent ſi longues & ſi rebelles aux medicaments , que les malades venants enfin à ſe laſſer , mépriſent les remedes & celuy qui les donne.

Ces conſiderations m'obligent de vous donner icy vn excellent ſpecifique contre toutes ſortes de fiévres intermittentes, & de vous en enſeigner le veritable vſage , j'enuoyleray vn peu la preparation , & me ſeruiray pour cela des termes enigmatiques, qui ne ſeront pas toutes fois ſi obſcurs, que les Medecins & ceux qui ſont bien verſez dans la connoiſſance de l'Abotanique, ne les puiſſent entendre s'ils y veulent apporter vn peu d'aplication.

COMPOSITION DE NOSTRE
Febrifuge.

PRenez trois pots de terre neufs, de chacun trois pintes, qui ayent leurs conuercles bien justes. Vous mettrez dans le premier les racines & les feüilles de l'herbe aux yvrongnes de chacune vne demye liure dans le second, vne liure de l'écorce de l'Arbre Timide aux feüilles blanches. Dans le troisiesme, la seconde écorce de la racine & la semence du petit Arbrisseau moëlleux, de chacune demie liure ; il faut que toutes ces choses soient recentes & bien mondées.

Acheuez de remplir vos pots de bon vinaygre distilé, appliquez-y leurs couuercles, & ayant bouché les jointures auec de la farine detrempée dans des blancs d'œufs & du papier colé par dessus, vous les exposerez au Soleil ou dans quelque lieu moderément chaud, l'espace de quinze jours,

puis vous ouurirez, les pots & leur
ayant fait prendre à chacun d'eux ou
trois boüillons, vous feparerez le vinaygre des matieres par vne forte ex-
preffion. Meflez en fuite tous vos vi-
naygres, & les philtrés par la manche
d'ypocras pendant qu'ils font chauds.
Pefez ce qui fera paffé, & pour deux
liures de vinaygre vous adjoufterez
vne liure de bon fucre, que vous cla-
rifierez & ferez cuire en confiftance
de fyrop, que vous conferuerez foi-
gneufement.

Ce Febrifuge eft fort apperitif, c'eft
pourquoy il debouche puiffamment
les paffages, par où il chaffe les caufes
materielles des fiévres intermittentes
apres auoir temperé la Bile, fubtilifé
& detaché le Flegme & les humeurs
vifqueufes,& derrempé la Melancho-
lie, ce qu'il fait auec tant d'éfficace
que je n'ay point encore treuué de
fiévre intermittente qui ait refifté à la
troifiefme prife.

Il fait auffi des merueilles dans les
fiévres continuës auec redoublement,
comme

comme le pourront témoigner plusieurs personnes considerables, ausquelles je l'ay fait prendre auec vn très-heureux succez.

Pour ne se pas tromper dans *l'vsage*, il faut premierement preparer les humeurs, & éuacuer en suite les premieres voyes, par quelque legere medecine conforme au temperament & aux forces du malade, & à la qualité de sa maladie, ce que je laisse à la sage conduite du Medecin ordinaire.

Apres cela il faut encore faire preparer vne Medecine semblable à la premiere, auec cette difference toutefois, qu'au lieu du Syrop *Purgatif*, on y adjoustera la *Dose* conuenable de nostre Febrifuge.

Exemple, on le veut faire prendre à vne personne bilieuse de l'âge de 18. ou vingt ans, qui a les fiévres tierces, simples ou doubles. On fera infuser dans vn grand verre de Ptysane le poids de deux écus de Sené, demie once de Casse mondée & vne once de Thamarinds; & apres auoir coulé le tout, on y adjoustera vne once de

noſtre Syrop, pour le donner imme-
diatement au commencement de l'accés, lors que les mauuaiſes humeurs
s'amaſſent en foule dans les parties
voiſines de l'Eſtomach, leſquelles il
détache & emporte pour lors ſans
violence & ſans douleur par les ſelles
& les vrines, ſouuent auec tant de ſuc-
cés que l'accés déja commencé s'arre-
ſte ſur le champ dés la premiere priſe.
Mais pour lors j'ay accouſtumé de faire encore prendre deux ou trois fois
le méme remede aux mémes jours, &
aux mémes heures que l'accés auoit
accouſtumé de venir.

Dans les fiévres continuës il le faut
donner au commencement des re-
doublements.

Mais que tout cela ſoit dit des fiévres ſimplement humorales, car s'il y
auoit de la contagion, pour lors il
faudroit faire preceder les Cardiaques propres, & meſme en meſler
quelques vns dans ce remede.

La *Doſe* eſt depuis vne demie once
juſques à vne once & demie ou deux
onces au plus.

SIXIESME ETAGE

DV CABINET

SECRET.

SPECIFIQVES DANS les petites veroles.

Medecina omnium in exitûs festinatione est. Ecelesiast. c. 43. v. 24.

NOVS auons déja donné nos Bezoards, qui sont specifiques pour vaincre & chasser le venin des petites verolles ; Mais comme ledit venin est quelque fois joint à la foiblesse des parties nobles, & de la puissance expultrice, & qu'il est souuent meslé auec des humeurs gluantes qui le retiennent, il est bon

d'adjoufter vn autre fpecifique qui at-
tenuë & fubtilife les humeurs , corrige leur acrimonie , fortifie les parties
nobles , & la puiffance expulfrice , &
mette la nature en état de s'en dé-
charger, en les pouffant vigoureufe-
ment du centre à la circonference ,
c'eft à dire , du dedans au dehors du
corps. *La preparation en eft telle.*

Prenez racines d'*Angelique* & de
Scorzonere de chacune deux onces.

Reglife & racine de *Myrrhis odorata* de
chacune demie once , raclures de *Cor-*
nes de Cerf, & pulpe de *Thamarinds* , de
chacune vne once (fi le ventre n'eft
point trop libre, car s'il y auoit de-
uoyement, ce qui n'arriue que trop
fouuent, au lieu de la pulpe de Thamarinds , il faudroit prendre vne demie once de *Gomme atragant.*)

Semence de *Fenoüil* & de *Chardon*
benit , de chacune vne dragme & demie ; *Epine vinette* demie once. Vingt
groffes figues feiches , bien choifies,
qui foient graffes & pleines de pulpe.
Deux onces de ces groffes *passerilles*

qu'on apelle communément *Anjubin* de frontignan, ou *raisins de Damas;* vne demie dragme de *saffran* & vn scrupule de Camphre.

Il faut mettre toutes ces choses dans vn pot de terre neuf, verny par le dedans, & verser par dessus trois pintes d'eau de fontaine, & les faire boüillir à petit feu jusques à la diminution des deux tiers, puis vous les coulerez par la manche d'ypocras, & clarifierés ce qui aura passé en le remettant sur le feu auec vn blanc dœuf.

Prenez trois liures de cette decoction ainsi clarifiée, & y adjoustez huit onces de syrop de limons & la gardez dans vne phiole de verre bien bouchée dans vn lieu frais.

L'vsage de ce remede est d'en prendre vne cueillerée ou deux reiterant la mesme dose pour le moins quatre ou cinq fois par jour.

Il subtilise & détache les humeurs, émousse & détruit leur acrimonie corrosiue ; conserue la gorge , les

Poulmons, l'Eſtomach & les autres
parties voiſines, contre les ſuites faſ-
cheuſes de la petite verolle, laquelle
il fait heureuſement ſortir, pourueu
que l'effet de ce Medicament ne ſoit
empeſché par quelque purgatif pris
dans les lauemens ou autrement, &
qu'on ne faſſe aucune ſeignée dãs tout
le cours de la maladie, ſi ce n'eſt dans
le commencemét, auant que la petite
verolle paroiſſe; ou qu'elle ſorte auec
difficulté; lors que la plenitude eſt ſi
grande, qu'elle empeſche la nature
de donner le mouuement neceſſaire
aux humeurs ; & qu'on frotte les
Emonctoires auec de bon huile de
Scorpions, & qu'on tienne la perſon-
ne bien couuerte, ayant ſoin de luy
faire prendre deux fois le jour dans
ſes boüillons le poids d'vn demy écu
de confection Alkerme, ou de confection d'Hyacinte, ou meſme la doſe d'vn de nos Bezoards ſi la malignité paroiſſoit tres-grande.

SPECIFIQVE POVR EMpescher qu'on ne soit marqué de la petite verolle.

Lorsque les humeurs ausquelles est attaché le venin des petites verolles, sont poussées au dehors du corps, soit par la force de la nature, soit par l'ayde des remedes propres; elles treuuent presque toûjours les *pores* de *l'Epiderme* fermez, ou du moins trop petits pour passer au trauers; c'est pourquoy elles l'éleuent en quantité d'endroits où il se forme plusieurs petits *abcez* semblables à de petites *vessies* pleines de ces méchantes humeurs, lesquelles sont ensuite surmontées par la nature & changées dans vn *pus*, qui retenant toûjours la qualité *putrefiante* & *corrosiue* des humeurs desquelles il est formé, *ronge* & *corrompt* les parties qui luy sont subjacentes, voila l'origine des marques de la petite verolle.

Et partant pour empescher qu'on ne
soit marqué, il faut tenir les pores de
la peau ouuers, adoucir & humecter
l'Epideme, subtiliser les humeurs qui
se presentent à la superficie du corps,
temperer leur acrimonie corrosiue,
& les reduire dans vne vapeur si douce & si subtile, que la Nature les
puisse chasser par la transpiration,
sans éleuer aucunes vessies.

De là on peut facilement remarquer, que le remede duquel on se
doit seruir Pour cela, ne doit pas
estre trop chaud, parce qu'il commu-
niqueroit vne nouuelle astriction à
l'Epiderme ; ny trop sec, parce qu'il
le reserreroit dauantage ; ny trop hu-
mide, comme sont toutes les choses
grasses & Onctueuses, parce qu'il
goufleroit la peau, & empescheroit
la sortie des fumées ; il ne doit pas
aussi estre froid, parce qu'il repercu-
teroit, & renfermeroit le loup dans la
bergerie, ce qui seroit tres-dange-
reux.

Le specifique suiuant est tres-facile

à

à composer, neantmoins je vous puis asseurer que s'il est preparé comme il faut, & appliqué à temps, il ne manquéra jamais de produire l'effet qu'on en doit attendre, étant d'ailleurs exempt de tout danger.

Prenez vn gigot d'vn jeune mouton tué depuis peu, qui soit bien plein de suc, separez-en les peaux & la graisse le mieux que vous pourés. Coupez le reste par petites taillades fort minces, que vous mettrez dans vn pot de terre verny. Adaptés-y son couuercle, qui doit estre fort juste, bouchés bien les jointures auec de la farine detrempée dans des blancs d'œufs, & du papier collé par dessus. Mettés aprés cela vostre pot sur le feu dans vn grád Chaudron plein d'Eau, l'espace de quatre ou cinq bonnes heures, aprés lesquelles vous retirerés vostre pot, & l'ayant ouuert, vous mettrés ce qui est dedans, tout chaud dans vne grosse seruiette bien blanche, & le pressérés fortement au Pressoir, pour en faire sortir tout le suc, que vous re-

L

ceurés dans vne baſſine d'argent, oũ
dans vn vaiſſeau de terre verny. Laiſſés refroidir ce qui aura paſſé, pour en
bien ſeparer la graiſſe qui ſe figera au
deſſus. Peſés ce ſuc ainſi degraiſſé, &
l'ayant mis ſur les cendres chaudes,
vous y adjouſterés pour quatre onces
de Suc, deux dragmes de bon ſaffran
en poudre; laiſſés les infuſer l'eſpace
de trois heures, aprés leſquelles vous
le coulerés au trauers d'vn linge blãc
pour vous en ſeruir comme il s'enſuit

Incontinent que vous verrés des
Signes aſſurés de la petite verolle,
vous nettoirés, decraſſerés, & de-
graiſſerés bien les parties que vous
voulés conſeruer, en les expoſant à
la vapeur de l'Eau boüillante, dans
laquelle vous aurés fait cuire du Son
& des Mauues, les eſſuyant enſuite
legerement auec des linges doux,
bien blancs & moderement chauds.

Mais ſi le malade étoit trop foible
pour s'expoſer à la vapeur, ou que
cela ne ſe pûr pas commodement ſans
luy faire prendre l'air; il ſuffira de

bien fomenter lefdites parties auec des linges trempés dans la mefme decoction vn peu chaude , & de les effuyer tout doucement auec des linges chauds, bien doux & bien blancs.

Prenez enfuite voftre fpecifique que vous aurés fait tiedir fur les cendres chaudes, & l'appliqués auec le bout d'vne plume , fur toutes les parties que vous voulés conferuer, & tenés le malade bien en chaleur.

Il faut reiterer cela tous les jours vne fois , pendant tout le temps de la fermentation & Ebulition , qui doit accompagner infeparablement, la fortie des petites verolles , c'eft à dire l'efpace de huict ou neuf jours.

Il faut remarquer que le Suc de Mouton fe corrompt tres-facilement, c'eft pourquoy vous aurés foin de renouueler voftre Specifique de trois jours en trois jours.

SPECIFIQVE POVR EFFACER
les Rougeurs, Marques, & Cicatrices qui restent aprés la petite Verolle, lors qu'on a esté mal soigné.

CEux qui sçauent que les parties Spermatiques, telles que sont les Os, les Nerfs, la Peau & les autres Membranes, ne se reproduisent jamais pour reparer la perte qu'elles ont faite de leur propre substance, *partes spermaticæ nunquam regenerantur.* Mais que quand elles ont perdu quelque morceau de leur propre substance, par amputation ou autrement, au lieu de ce morceau, la Nature substituë vn certain *Calus* qui a quelque conformité auec la partie de laquelle il repare le deffaut. Ceux dis-je qui sçauent ces choses, sçauent aussi qu'il est tres-difficile, pour ne pas dire impossible de reproduire les parties de la peau que la matiere veneneuse, putrefiante & corrosiue de la petite verolle à rongées & corrompuës, & seront assez équitables, pour croire que je n'ay point icy d'autre but que de faire en sorte que les *Calus* que la Nature substituë dans les Cicatrices de la petite verolle, s'éleuent au niueau de la peau, & en prennent le *Coloris*, ce qui suffit pour n'estre pas marqué.

Le *Specifique* suiuant fait des merueilles pour cela, pourueu qu'il soit bien preparé & bien appliqué.

Premiere preparation du Baume blanc pour les petites Verolles.

PRenez le poids d'vn écu de Baume blanc naturel, que vous dissoudrez auec le jaune d'vn œuf bien frais, dans vn petit Mortier de verre ou de Marbre blanc qui ait son pilon de mesme matiere, & lors qu'il sera bien dissoud, vous y adjousterés deux bonnes cuillerées de decoction des fleurs de Mauues bien clarifiée, ou au deffaut de ladite decoction qu'on ne peut pas auoir en tout temps vous y adjousterés deux cueillerées de Mucilages de semences de Mauues ou de Guimauues, prenant garde que ladite decoction ou mucilages soient seulement tiedes, de peur de cuire le jaune d'œuf & le conuertir en grumeaux. agités ces choses tout doucement dans le Mortier auec le pilon l'espace d'vne demie heure pour les bien mesler, auant que de les appliquer comme il s'ensuit.

Lors que la petite verolle est absolument sortie, & qu'elle commence à se desseicher de sorte qu'on void desia quelques croutes qui se detachent du visage, vous exposerés le Malade à la vapeur de l'eau boüillante, dans laquelle vous aurés fait cuire du son & des Mauues, pour bien humecter lesdites crouftes, & les faire tomber sans violence; lors qu'elles feront tombées, & que vous aurés essuyé legerement la partie auec vn linge blanc bien doux & moderement chaud, vous y appliquerés auec le bout d'vne plume voftre Baume

blanc preparé comme nous venons
d'enseigner, & reitererés cela tous les
jours vne fois ou deux, jusques à tant
que les cicatrices soient absolument
remplies. Et lors qu'elles seront pleines vous oindrés tout le visage de
Baume blanc preparé comme il s'ensuit, sans exposer dauantage le malade à la vapeur

Seconde preparation du Baume blanc pour les petites Verolles.

DIssolués le poids d'vn écu de
Baume blanc auec le jaune d'vn
œuf frais, dans vn Mortier de verre
ou de Marbre, & lors qu'il sera bien
dissoud, vous y adjousterés deux onces de ce laict virginal qui est fait
auec le Succre de Saturne, & le vinaygre distillé, qu'on appelle commu-
nement *liqueur de Saturne.* Agités ces
choses tout doucement dans le Mortier, jusques à tant qu'elles soient
bien meslées, & qu'il s'en forme vne
Espece de *Nutritum,* auec lequel vous
oindrés tout le visage.

Il empesche la chair des cicatrices de croistre trop, & arreste le *Calus* au niueau de la peau, laquelle il fortifie, adoucit & en oste les rougeurs.

Mais s'il y auoit desia quinze jours ou trois semaines, & mesme dauantage qu'on fust guery de la petite verolle, lors qu'on en veut effacer les marques ; il faudroit considerer si les cicatrices seroient profondes ou non ; car si elles n'estoient pas profondes, il faudroit exposer la personne à la vapeur de l'Eau boüillante, dans laquelle on aura fait cuire du Son & des Mauues, pour les bien ramolir, & apres les auoir essuyées auec des linges doux bien blancs & moderement chauds, vous y appliquerés le Baume blanc de nostre premiere preparation, afin de fortifier la Nature & l'exiter à éleuer le *Calus* des cicatrices au niueau de la peau, & continuerés tous les jours deux fois jusques à tant que les cicatrices soient bien remplies, pour lors vous n'exposerés plus le Malade à la vapeur, mais

mais vous luy appliquerez le Baume blanc de noſtre ſeconde preparation. Mais ſi les cicatrices eſtoient profondes & qu'il y euſt des couſtures & rayes à la peau, pour lors il faudroit oindre la partie auec la pommade de lard & ſaupoudrer par deſſus bien également de l'Alum bruſlé en poudre tres-ſubſtile, & reïterer cela tous les jours vne fois, juſques à tant que les couſtures & rides ſoient abſolument conſumées, & quand il n'y aura plus rien de ſuperflu que la rougeur, qui ſera grande, pour lors vous expoſerez la partie à la vapeur de l'eau boüillante, dans laquelle vous aurez fait cuire du ſon & des Mauues, l'eſſuiant enſuite fort legerement auec des linges doux, bien blancs & moderément chauds, pour l'adoucir & la bien degraiſſer, auant que d'y appliquer le Baume blanc de noſtre ſeconde preparation.

M

Pommade de vieux Lard pour les petites verolles.

AYez du Lard vieux, qui toute-fois soit bien blanc, coupés-le par taillades de la grosseur du petit doigt & fort longues, que vous enuelope-rez dans des papiers roulez à l'entour, quand vous les aurez ainsi preparées, vous aurez vne terrine pleine d'eau fraische, & prenant vos taillades l'v-ne apres l'autre vous les alumerez par le bout & les tiendrez au dessus de vostre terrine, pour bien amasser la graisse qui tombera à grosses goutes. Il faut lauer cette graisse en plusieurs eaux pour la bien dessaler, & la gar-der dans des pots de fayence pour le besoin.

CONCLVSION.

VOyla, Messieurs, les compositions de nostre petit Cabinet, assez clai-res, si je ne me trompe, pour estre

entenduës de tout le monde, cepen-
dant pour vous les rendre plus faciles,
je vous diray encore d'où & comment
je fais venir les drogues qui y entrent.
Vous sçaurez donc qu'ayant demeu-
meuré dix ans à Montpellier, j'y ay
étably de grandes habitudes, aussi
bien que dans tout le Languedoc, &
à Marseille & Toulon, qui sont deux
ports de Mer en Prouence sur la Me-
diterranée, assez voysine du Languedoc.

De Montpellier, je fais venir *les
Confections* d'Alkerme, d'Hyacinte,
le Mitridat & la Theriaque, *les Huilles* de Scorpions, de *Geniévre*, & le *Pe-
trole* qu'on amasse à la fontaine de Ga-
bian à douze lieuës de Montpellier.
Les Essences dé Canelle, de clouds de
Gerofle, de noix muscade, d'œillets,
de Iasmin, de fleurs d'Orange & de la
premiere escorce de Citrons. *Esprits
bruslans* ou *Huilles ætherées* de vin, de
Roses, d'œillets, de Bayes de Geniévre, de Gajac, & de racines de Sopo-
naria. *Esprits acides* de Sel, de Souphre

& de tartre. *Les eaux* , theriacale, de Canelle, de mille fleurs, & de la Reyne de Hongrie. *La Semence* de Kermes qui croiſt en abondance en pluſieurs lieux autour de Montpellier. *Le Baume blanc* que je fais auſſi venir quelquefois de Marſeille & de Toulon, où il eſt apporté d'Alexandrie par des Marchands François, Armeniens & Turcs, qui le recouurent par les correſpondances qu'ils ont au grand Caire. *L'Aujubin* ou *Raiſin de Damas* vient de Frontignanà trois lieuës de Montpellier, & *les figues* de Marſeille, & *le verdet* ou *verdegris* de Montpellier, où il ſe prepare en grande quantité. *Les Scorpions* s'amaſſent pendant la canicule, à Sommieres & à Lunel, qui ſont deux petites villes à quatre lieuës de Montpellier; les *Laizards verds* ſe treuuent preſque par tout le bas Languedoc.

I'ay auſſi correſpondance en Poitou d'où je fais venir les *Viperes* , bien conditionnées, tant entieres que parties d'icelles.

Pour les gros *Crapaux* couuers de puſtules, je les fais preparer dans la baſſe Normandie, où il s'en treuue vne grande quantité aux enuirons de Mortain.

Les Ambres, gris, blanc, jaune, & noir, la *liquidambar* & les autres drogues ſe treuuent à Paris, auſſi bien que les *groſſes Aragnées* qui tendent leurs toiles dans les jardins au deſſous & entre les arbres & palliſſades, pendant l'Automne, lors qu'il fait vn temps ſec & doux.

Ayant ramaſſé ſoigneuſement toutes ces choſes, je fais faire mes compoſitions en ma preſence par vn Apoticaire de mes Amis, ſçauant & fidelle, duquel je les retire incontinent, pour la ſeureté & ſatisfaction de ceux qui ne peuuent ou ne veulent ſe donner la peine de les faire preparer en leur preſence. Ie leur fourniray donc, les grains de vie, l'eſſence d'Ambre gris, l'Ambre Corallin, les grains de ſanté, & le vinaygre d'Erneſt preparé auec la poudre de Viperes & portât ſa dose de Theriaque... Les Pentacules, tant en Medailles qu'en Scapulaires; les huiles de Scorpions (dans lesquelles on verra vn tres-grand nombre de Scorpions entiers, pour marque de leur bonté, & l'Emplastre Magnetique... la Gilla de Paracelse, nos Bezoards, la vraye Theriaque de Montpellier, les Eaux Theriacales & l'Ambre de vie... le parfum Royal & les pastilles d'Ambre... nostre Febrifuge, & vn Tartre Emetique sans addition.., le vray Baume blanc, naturel & liquidambar bien preparez, pour oster & reparer les marques & cicatrices qui restent apres la petite verolle; Ie leur donneray, dis-je, toutes ces choses à vn prix si raisonnable, qu'ils pouront connoistre que je n'ay point d'autre but que la gloire de Dieu & le bien de mon prochain.

Apres cela il ne me reste plus qu'à finir ce petit traitté, finissons-le donc, mais finissons-le auec le Sage, par les conseils qu'il donne aux Malades qui craignent Dieu.

Mon fils (dit ce grand Roy) quand tu seras malade, ne neglige point ton mal, en t'abandonnant toy-mesme *au desespoir*, mais éleue ton cœur à Dieu, adresse luy tes prieres, & il te rendra ta santé, *s'il 'e juge ainsi à propos pour sa gloire & pour ton salut;* nettoye ta Conscience & offre ton oblation, puis tu appelleras les Medecins; qu'ils soient tousiours aupres de toy *pendant le cours de ta maladie;* Ils ont esté creés & ordonnés de Dieu, & te sont *pour lors* tres-necessaires. Souuiens-toy qu'il y a vn temps auquel Dieu veut que tu te soûmettes entierement à leur conduite; mais aussi qu'ils se souuiennent eux mesmes d'implorer *continuelle-ment* l'assistance de Dieu, *qui est le souuerain Medecin, sans lequel ils ne peuuent rien faire, afin qu'il plaise à sa Misericorde de te faire grace, & de be-nir les remedes qu'il leur a mis entre les mains.*

Du 38. c. de l'Eclesiastique.

F I N.

Extrait du Priuilege du Roy.

PAr Lettres Patentes données à Paris le 22.Septembre 1666 Signées, Par le Roy, NOBLET. Et ſcellées du grand ſceau de cire jaune, il eſt permis à M. I. L. MONNIER Docteur en Medecine de la Faculté de Montpellier, & Medecin chez L. A. Monſeigneur & Mademoiſelle de GVYSE, de faire Imprimer, vendre, & debiter, vn liure par luy compoſé, intitulé, Le Cabinet ſecret des grands Preſeruatifs contre la Peſte, &c. Défenſes ſont faites à toutes autres perſonnes de quelque qualité & condition qu'elles ſoient, d'imprimer, faire Imprimer, vendre & debiter le ſuſdit liure, ſans le conſentement dudit Monnier, ny de le contrefaire, à peine de quinze cens liures d'amende & autres punitions portées par leſdites Lettres.

Enregiſtré ſur le Liure de la Communauté des Libraires, le 30 Septembre 1666. Signé PIGET, Syndic.

Achevé d'Imprimer pour la prmiere fois le quatrieſme Octobre 1666.

Les Exemplaires ont été fournis.